L'AGIOTAGE

ET

LES SYNDICATS FINANCIERS

ÉTUDE DE DROIT PÉNAL

PAR

Emile COSSON

Avocat à la Cour d'appel de Paris

PRIX : UN FRAN

PARIS

LIBRAIRIE MARESCQ AINÉ

CHEVALIER-MARESCQ ET Cie, SUCCESSEURS

20, RUE SOUFFLOT, 20

1889

L'AGIOTAGE

ET

LES SYNDICATS FINANCIERS

ÉTUDE DE DROIT PÉNAL

PAR

Emile COSSON

Avocat à la Cour d'appel de Paris

PRIX : UN FRANC

PARIS

LIBRAIRIE MARESCQ AINÉ

CHEVALIER-MARESCQ ET Cⁱᵉ, SUCCESSEURS

20, RUE SOUFFLOT, 20

1889

L'AGIOTAGE

ET

LES SYNDICATS FINANCIERS

I°

Aux termes de l'article 419 du Code pénal : « Tous ceux qui, par des faits faux ou calomnieux semés à dessein dans le public, par des suroffres faites au prix que demandaient les vendeurs eux-mêmes, par réunion ou coalition entre les principaux détenteurs d'une même marchandise ou denrée, tendant à ne pas la vendre où à ne la vendre qu'un certain prix, ou qui, par des voies ou des moyens frauduleux quelconques, auront opéré la hausse ou la baisse du prix des denrées ou marchandises ou des papiers et effets publics au-dessus ou au-dessous des prix qu'aurait déterminés la concurrence naturelle et libre du commerce, seront punis d'un emprisonnement d'un mois au moins, d'un an au plus, et d'une amende de cinq cents francs à dix mille francs. Les coupables pourront de plus être mis, par l'arrêt ou le jugement, sous la surveillance de la haute police (1) pendant deux ans au moins et cinq ans au plus ».

Ces dispositions, qui ont pour but de maintenir le principe de la libre concurrence et d'assurer le jeu de la loi de l'offre et de la demande, sont-elles applicables aux manœuvres employées pour déterminer la hausse ou la baisse des actions d'une société commerciale et industrielle ?

---

(1) On sait que la loi du 27 mai 1885 a remplacé la surveillance de la haute police par un régime particulier.

Indiquons l'intérêt pratique de cette question en examinant dans quels cas elle se présente aujourd'hui.

Nombreuses sont les influences qui meuvent la Bourse. A côté de l'influence des événements politiques, il y a celle des faits particuliers qui se produisent au sein de toute société financière, tels que l'importance du dividende, un appel de fonds, une augmentation de capital, une émission nouvelle, etc. Enfin il y a l'influence du capital et du crédit, dont la force peut dénaturer complètement, à un certain moment, la valeur réelle d'un titre, soit dans un sens, soit dans l'autre.

Lorsque des manœuvres frauduleuses sont employées, on est en présence de l'agiotage, qu'il ne faut pas confondre avec la spéculation. La distinction n'a pas toujours été bien nette même dans l'esprit du législateur, puisque la reconnaissance des marchés à terme ne date réellement en France que de 1885, mais on a toujours admis que la fraude devait être réprimée en matière d'opérations de bourse.

La différence entre la spéculation et l'agiotage réside surtout dans la loyauté de l'agent. Si le spéculateur se borne à calculer les chances de gain et de pertes d'après la prévision des événements que lui permettent l'étude des besoins sociaux et son expérience des hommes et des affaires, il y a *spéculation*. Il y a, au contraire, *agiotage* quand celui qui opère se promet de diriger les événements *per fas et nefas*, au gré de ses désirs.

Pour faire réussir leurs coups de bourse, les agioteurs emploient tous les moyens : faux bruits, affirmations inexactes émises à dessein, mirages trompeurs, accaparements de certains titres. On les voit fonder des sociétés dans la constitution desquelles ils accumulent les irrégularités, et dont les titres représentent une créance à peu près illusoire. Mais leur action se manifeste surtout dans ce qu'on appelle *les syndicats financiers* ou associations spéciales de capitalistes, créées dans le but de produire la hausse ou la baisse sur certaines valeurs déterminées.

L'idée première du syndicat financier est celle d'un groupe intéressé dans une valeur et qui s'occupe de son placement au meilleur taux possible.

Mais la pratique dés émissions à prime a été gâtée par la

phalange d'aventuriers qui s'est abattue sur la Bourse de 1878
à 1882. Les syndicats constitués à cette époque cherchaient
par tous les moyens imaginables à opérer le classement de
titres pour lesquels ils obtenaient l'admission à la cote, et que
les fondateurs et administrateurs de sociétés créées sans aucun but utile, n'avaient eux-mêmes souscrits qu'en vue seulement de la prime dont ils comptaient bénéficier. A l'aide de
promesses fallacieuses faisant croire à un important et pro-
chain revenu, par des publications mensongères, et particu-
lièrement en poussant les cours des valeurs qu'ils détenaient,
ces syndicats arrivaient fréquemment à atteindre le but pour
lequel ils s'étaient formés. Leur tâche accomplie, les bénéfices
partagés, alors ils se dissolvaient, sans plus se soucier des valeurs qu'ils avaient négociées et dont les cours, n'étant plus
maintenus, ne tardaient pas à s'effondrer (1).

On appréciera l'importance des désastres financiers qui
peuvent être le résultat de pareilles manœuvres, en se rappe-
lant que le krach de 1882 a coûté plusieurs milliards à la
France (2).

La source de ces syndicats n'est pas tarie, mais, de nos
jours, les agioteurs ont repris l'idée des syndicats sous une
forme nouvelle. Aujourd'hui, pour ébranler le marché, on
agiote sur la ruine comme jadis on agiotait sur la prospé-
rité. Pour amener la baisse, les syndicats vendent en quan-
tités énormes des titres qu'ils n'ont pas. C'est cette manœu-
vre qui, après avoir déprécié les titres du Panama, a empêché
les dernières émissions d'être couvertes et amené un krach
qui a fait perdre à la petite épargne un milliard quatre cents
millions.

Presque toujours les syndicats financiers restent des associations secrètes, mais, qu'ils se cachent ou qu'ils se laissent
voir, on se préoccupe trop peu de leur existence si préjudi-
ciable pourtant à la fortune publique.

Il importe donc de savoir si, en dehors de la législation

---

(1) V. *Paris Boursicotier*, par Ch. Virmaître. Paris. Savine. 1888.
— *L'agiotage sous la troisième république*, par Chirac. Paris. 1888.
Savine. 5ᵉ édit. — *Grandeur et décadence d'une Société financière* (le
Crédit de France), par un Gogo. Paris. Ghio. 1884.

(2) A elles seules, les sociétés fondées par le baron Erlanger ont
fait perdre à l'épargne française plus de 200 millions.

sur les sociétés et des dispositions destinées à punir l'escroquerie, il n'existe pas un texte d'où l'on puisse conclure au caractère illicite de pareilles associations.

L'article 419 du Code pénal défend la coalition entre les principaux détenteurs d'une même marchandise ou denrée dans le but de ne pas vendre ou de ne la vendre qu'un certain prix. Il interdit également d'opérer par des voies ou moyens frauduleux la hausse ou la baisse du prix des denrées ou marchandises ou des papiers et effets publics au-dessus ou au-dessous des prix qu'aurait déterminés la concurrence naturelle et libre du commerce.

Les éléments constitutifs des délits de coalition ou d'accaparement se rencontrent-ils avec les mêmes caractères dans les associations du genre des syndicats financiers opérant sur des actions émises par des sociétés anonymes?

En soi, le fait pour un syndicat de chercher à classer des titres émis par une société n'a rien que de très licite; aussi comprenons-nous fort bien que les tribunaux aient reconnu souvent, et d'une façon formelle, la validité des syndicats financiers en général (1). Pour ceux-là même qui considèrent l'article 419 comme applicable aux actions des sociétés anonymes, il est certain que la jurisprudence ne saurait être

---

(1) Voici comment s'exprime à cet égard l'auteur anonyme d'un ouvrage intitulé : *La Bourse et le Palais*, Paris, 1885.

« Nous pourrions citer un très grand nombre de décisions sur cette matière émanant des tribunaux civils ou de commerce; nous ne citerons parmi ces jugements que quelques passages des plus saillants, au point de vue qui nous occupe.

« Les personnes qui forment une participation pour arriver à la constitution d'une société de crédit font acte de commerce; quand il y a entre diverses personnes formant groupe une société en participation pour un but déterminé et que ce but a été atteint, il y a lieu de procéder à la liquidation et d'établir les droits de chacune des parties (Tribunal de commerce de la Seine, 9 janvier 1882. Affaire Darbon et Vieil-Picard).

« Quand une association en participation ou syndicat a été formée ayant pour objet précis la concentration dans ses mains des actions d'une société pour en opérer, à une époque déterminée, ou la vente au profit des associés ou la répartition entre les adhérents, si, contrairement à ces conventions, l'un des participants vend les actions par lui acquises pour le compte du syndicat, il le fait sans droit.

critiquée lorsqu'on ne se trouve pas dans les conditions prévues par cet article.

Il en est ainsi, selon nous, lorsque le syndicat ne comprend pas les principaux détenteurs de titres ou, alors même qu'il les comprend, s'il n'emploie pas des moyens frauduleux pour amener la hausse ou la baisse au-dessus ou au-dessous du cours qu'aurait déterminé la naturelle et libre concurrence; il en est de même si la hausse ou la baisse espérée ne s'est pas produite, car l'article 419 ne punit pas la simple tentative.

Mais supposons réunies les conditions exigées par l'article 419. Peut-on dire que cet article est alors applicable aux syndicats financiers opérant sur les actions des sociétés anonymes? — Telle est la question que nous avons à résoudre; on en comprend maintenant l'intérêt pratique.

« La convention constitutive du syndicat est un contrat synallagmatique qui ne peut être annulé que du consentement unanime de toutes les parties (Tribunal de commerce de la Seine, 21 juin 1882. Affaire de la Banque d'Escompte.)

« Un syndicat est libre de vendre ses actions au prix le plus avantageux qu'il en peut trouver (Tribunal civil de la Seine, 6 juillet 1881. Affaire des chemins de la Vendée.)

« Le principe admis, voici, par exception, un cas de nullité de syndicat qui nous a paru intéressant à signaler : la décision émane de la Cour d'Aix (29 nov. 1883). Un sieur N... réclamait à la société nouvelle de Banque et de Crédit une somme de 50,000 francs qu'il avait déposée à la succursale de la société, à Nice, pour faire partie d'un syndicat ayant pour but l'achat de 1,000 actions de l'émission nouvelle de cette société. Il résulta des débats que le fondateur de ce syndicat n'avait été que le prête-nom de la société, laquelle opérait ainsi un agiotage illicite sur ses propres actions, de plus, les conditions substantielles stipulées pour la constitution du syndicat, son fonctionnement, sa durée n'avaient pas été réalisées. Dans ces circonstances, la société dut rembourser au sieur N... le montant intégral de son versement; la nullité du syndicat, qu'on le note bien, n'avait été prononcée que parce que le fondateur était le prête-nom de la société qui opérait par ses propres titres. »

II°

Cette question a donné lieu, dans la doctrine, à de vives controverses.

En général, on s'accorde à déclarer que les actions des sociétés anonymes ne sauraient rentrer dans la catégorie des « papiers et effets publics, » dont parle l'article 419 du Code de commerce.

Mais là où l'on se divise, c'est lorsqu'il s'agit de décider si ces titres sont compris dans le terme « marchandises » employé par l'article 419 (1).

Il paraît cependant difficile de soutenir que le mot « marchandises » désigne tout ce qui peut faire l'objet du trafic. Une telle définition, si exacte qu'elle soit au point de vue économique, ne répond pas au sens restreint qui lui a été attribué par les rédacteurs du Code pénal et des lois postérieures sur la vente des marchandises neuves aux enchères ou en gros. Dans notre langue juridique, le mot « marchandises » a une acception bien délimitée; il s'applique aux objets mobiliers qui se vendent et s'achètent dans les magasins, boutiques, foires et marchés.

Il est vrai que la jurisprudence a essayé d'étendre cette dénomination aux choses incorporelles, telles que le prix des transports (2), le taux des assurances (3) et le fret des navires (4). Mais, aller au-delà et ajouter à cette énumération les

---

(1) Sur l'interprétation de l'article 419 du Code pénal, voir dans *La Loi* des 18, 22 novembre, 11-12 décembre 1882, trois articles de MM. Cohen, Worms et Lechopié, avocats à la Cour d'appel de Paris. La *France Judiciaire*, mars 1882 et la *Revue des Societes*, 1883, p. 328, ont également publié sur ce sujet deux articles de M. Lechopié.

(2) Cass. crim., 9 août 1839, Jur. gén., v° Industrie, n° 424, 1°.

(3) Cass. crim., 16 mai 1845, D. P., 45, 1, 289.

(4) Cass. req., 26 juin 1850, D. P., 50, 1, 212.

actions des sociétés anonymes, en vue de leur appliquer l'article 419 du Code pénal, ce serait, croyons-nous, violer le principe suivant lequel, en matière pénale, la loi doit être interprêtée dans son sens strict. D'ailleurs, est-ce que le mot « marchandises » dans l'article 419 peut comprendre les valeurs de toute sorte, alors que le législateur a cru devoir indiquer à part les « papiers et effets publics » ?

C'est en ce sens que par arrêt du 30 juillet 1885 (1), la Cour de cassation a tranché pour la première fois la question qui nous occupe, résolue en sens contraire par deux arrêts de la Cour d'appel de Paris, en date des 1er juin 1843 (2) et 19 mars 1883 (3).

Ainsi, suivant certains auteurs et d'après la jurisprudence, les manœuvres frauduleuses employées à la Bourse par les agioteurs, ne constituant pas un délit d'une nature spéciale, ne sauraient être incriminées par application de l'article 419 du code pénal.

Cette conclusion paraîtrait devoir s'imposer comme définitive, si nous n'avions des doutes sérieux sur l'idée qui sert de point de départ au système que nous venons d'exposer dans ses grandes lignes.

Avant de déclarer *a priori* que les mots « papiers et effets publics » excluent les effets privés tels que les actions des sociétés industrielles et commerciales, il faudrait, ce me semble, définir ce que l'on entend par « papiers et effets publics » et rechercher si les actions des sociétés anonymes ne peuvent pas figurer au nombre des effets publics. C'est ce que l'on a négligé de faire jusqu'à ce jour.

Nous voudrions envisager sous ce nouvel aspect l'interprétation de l'article 419 du Code pénal.

---

(1) D. 1886, 1, 389, v° note et rapport de M. le conseiller Auger.
(2) Jur. gén., v° Trésor public, n° 1437.
(3) D. P. 1883, 1, 425.

III°

Selon nous, la question est toute de savoir, non ce que signifient ces expressions employées côte à côte « denrées ou marchandises », mais ce que veulent dire les mots « papiers et effets publics. » Comprennent-ils les actions de toutes les sociétés anonymes ou bien certaines d'entre elles seulement: c'est-à-dire les sociétés autorisées par l'Etat et reconnues d'utilité publique ?

Voyons tout d'abord ce qu'il faut entendre par « papiers et effets publics » ; nous nous demanderons ensuite si l'article 419 du Code pénal, en employant ces mots, avait pour but d'exclure notamment les actions des sociétés anonymes.

Quelle est la véritable définition des mots « papiers et effets publics » ?

Si l'on n'a jamais songé à examiner la question à ce point de vue, c'est que l'on a presque toujours confondu les *papiers et effets publics* avec ce qu'on appelle les *fonds publics,* c'est-à-dire les valeurs représentatives de la dette nationale et pour lesquelles les prêteurs reçoivent un intérêt pris sur le revenu public.

Or, les mots : « papiers et effets publics », ont un sens particulier aussi bien dans le langage courant que dans la terminologie financière et juridique.

Ouvrez le *Dictionnaire* de Littré, aux mots : Effets et Papiers, vous y lirez : « Effets publics...: Rentes françaises et autres titres cotés à la bourse... » « Papier public..: tout effet représentant l'argent comptant. »

Ces définitions sont en parfaite harmonie avec celles que nous trouvons dans le *Dictionnaire du commerce* et dans le *Dictionnaire de l'Économie politique,* publiés chez Guillaumin.

« A proprement parler, on entend par effets publics, les titres émis par les gouvernements en échange des prêts qui leur ont été faits ou des engagements qu'ils ont contractés. Par extension on a désigné sous cette même appellation la valeur de toutes choses dont la négociation s'opère à la bourse et par le ministère des agents de change, et l'on a réservé l'expression « fonds publics » pour les titres représentant les dettes de l'Etat. » (*Dictionnaire du Commerce.*)

« C'est une dénomination qui comprend en général tous les titres des obligations contractées par un Etat, telles que rentes inscrites ou bons du Trésor, de même que les obligations de toute grande administration publique, comme, par exemple, celles de la Ville de Paris. On applique le même nom par extension... à toutes les valeurs qui se négocient à la Bourse par le ministère des agents de change et dont le cours est officiellement coté. » (*Dictionnaire de l'Economie politique.*)

Tel est le sens aujourd'hui consacré; mais reste à savoir s'il est conforme à celui que lui ont attribué les rédacteurs du Code pénal et si, depuis 1810, la langue juridique n'a pas subi sur ce point une certaine altération.

Tout d'abord, voyons si les auteurs contemporains du Code avaient la même notion que nous sur les effets publics.

Merlin, dans son *Dictionnaire de Jurisprudence,* édition de 1811, définit ainsi les effets publics :

« Ce sont les rentes créées par le roi et les billets ou papiers d'Etat qui ont été introduits en différents temps dans le commerce. Les agents de change ont à Paris le droit exclusif de négocier à la Bourse les effets publics. »

Négociation par l'intermédiaire des agents de change, officiers ministériels, nommés par le gouvernement, — tel semble bien être le caractère distinctif de l'effet public. — Mais la définition donnée par Merlin n'est pas absolument nette; elle s'inspire plus encore du droit ancien que du droit moderne. En effet, sous l'ancien régime un effet était public lorsqu'il possédait la sanction royale. On lit dans le *Nouveau-Denizart,* au mot: « Effets royaux, » l'opinion suivante :

« Les termes d'effets royaux et d'effets publics sont pris souvent l'un pour l'autre dans les règlements même qui les concernent, quoique dans leur sens précis ils aient chacun une signification propre. Selon cette signification, on comprend sous le terme d'effets publics tout contrat de rente, tout titre de créance dont le Roi a autorisé la création et le commerce d'une manière spéciale, soit que l'Etat soit chargé de leur acquittement ou non. Il n'y a d'effets royaux proprement dits que ceux qui doivent être acquittés immédiatement par le Roi, soit au Trésor royal, soit dans d'autres caisses qui lui appartiennent.

« Ainsi, tous les titres relatifs aux emprunts ouverts par le Roi, tals que les contrats de rente, billets de loterie, bulletins ou chances, donnant droit à des primes, quittances ou simples bordereaux délivrés au Trésor royal, sont des effets royaux proprement dits. Les contrats de rente sur le clergé, au contraire, les actions de la caisse d'Escompte, de la nouvelle compagnie des Indes ou de toute autre compagnie autorisée à emprunter publiquement, sont bien des effets publics, mais ne sont pas des effets royaux.

« Dans plusieurs des règlements qui sont rapportés dans cet article, le terme d'effets royaux se trouve employé au lieu de celui d'effets publics, quoique l'on eût peut-être dû y employer ce dernier terme, qui s'applique seul à tous les effets que les règlements ont eus en vue. »

Chose curieuse, à lire certains auteurs modernes qui ont écrit sur les valeurs mobilières (1), on dirait que la notion des effets publics est de nos jours la même que dans l'ancien droit. Ils reconnaissent deux sortes d'effets : 1º ceux qui forment dette de l'État et appelés effets publics proprement dits ; 2º ceux émis par les compagnies autorisées à emprunter publiquement.

D'après cette classification et jusqu'en 1867, on rangeait dans la première catégorie les rentes sur l'État, les emprunts, les rentes viagères sur l'État, les bons du Trésor, les actions sur certains canaux et chemins de fer de l'État. Dans la seconde : les effets souscrits par les villes, établissements publics, compagnies industrielles, sociétés anonymes autorisées : Ville de Paris, Banque de France, Crédit Foncier.

Mais la loi du 24 juillet 1867 force à rejeter cette division, puisque l'autorisation pour emprunter publiquement n'est plus exigée, et que, par suite, la seconde catégorie d'effets publics ne paraît plus avoir de signe qui la caractérise nettement. Ce serait donc une question de fait pour savoir si la valeur émise par une société anonyme mérite par son importance d'être considérée comme effet public, à moins de décider que les actions émises par les sociétés anonymes depuis 1867 ne pourraient jamais être des effets publics, alors même qu'elles seraient admises à la cote.

Nous sommes donc en présence de deux conceptions différentes sur les effets publics. Aujourd'hui, l'on considère que le signe de l'effet public est l'admission à la cote de la bourse ;

---

(1) V, notamment M. Buchère.

sous l'ancien régime, il n'y avait pas d'effet public sans l'intervention de l'autorité publique lors de sa création.

A laquelle de ces deux notions les rédacteurs de nos Codes ont-ils entendu se rattacher? — Nous allons voir que c'est à la première, puisque ce sont eux qui en ont consacré la formule empruntée au droit intermédiaire, lequel avait innové par rapport à l'ancien droit.

L'article 419 du Code pénal emploie les expressions : « papiers et effets publics ».

Lors de la discussion de cet article ainsi que des articles 421 et 422, qui visaient les paris à la hausse ou à la baisse, une disposition fut proposée, déclarant ces articles applicables à tous ceux qui auraient déterminé ou parié sur la hausse ou la baisse des « papiers et effets négociables, de quelque nature qu'ils soient. » Mais le comte Begouën fit observer que ces expressions étaient trop générales et proposa les mots : effets publics. L'amendement fut adopté.

Ainsi, dans l'article 419 comme dans les articles 421 et 422, le législateur a changé la rédaction primitive du projet dans le but avoué de soustraire aux pénalités prononcées par ces articles certains papiers et effets négociables.

Mais quels sont ces effets? Sont-ce les effets commerciaux ou les effets purement privés ou civils, et parmi ces derniers faut-il ranger les actions des sociétés industrielles et commerciales?

Sur ce point, nous n'avons aucun renseignement dans les travaux préparatoires de l'article 419 du Code pénal.

Mais, s'il est certain que le législateur attribuait un sens précis aux mots « papiers et effets publics », le laconisme des travaux préparatoires s'expliquerait et la seule raison donnée par le comte Begouën à l'appui de son amendement serait pleinement justifiée.

Or, pour les rédacteurs du Code pénal, les mots « papiers et effets publics » avaient un sens bien précis, puisque l'article 76 du Code de commerce en contenait depuis 1807 la définition juridique.

Après avoir indiqué que la Bourse de commerce est le lieu où se réunissent les commerçants, capitaines de navires, agents

de change et courtiers, et distingué la Bourse des effets
publics et celle des marchandises, le Code de commerce, dans
l'article 76, énonce ce qu'il faut entendre par : « effets publics », en déclarant que ce sont ceux dont la négociation est
réservée exclusivement aux agents de change (1).

Art. 76. — « Les agents de change, constitués de la manière pres-
crite par la loi, ont seuls le droit de faire les négociations des *effets
publics et autres susceptibles d'être cotés.* »

L'article 76 reconnaît aussi aux agents de change le droit
de faire, mais seulement pour la compte d'autrui, les négociations des lettres de change ou billets, de tous papiers
commerçables et d'en constater le cours; enfin, en vertu du
même article, les agents de change ont le droit de constater
le cours des ventes ou achats des matières premières métal-
liques. Quant aux négociations et au courtage de ces ventes
ou achats, ils peuvent également les faire, mais concurrem-
ment avec les courtiers de marchandises.

Ainsi le monopole des agents de change ne porte que sur
la négociation des « effets publics et autres susceptibles d'être
cotés » : en un mot sur la négociation des « effets publics, c'est-
à-dire des effets admis à la cote. »

Mais, nous faisons-nous illusion et est-ce bien de la sorte
qu'il convient d'interpréter ces mots : « effets publics et autres
susceptibles d'être cotés » ?

C'est en ce sens que cette question a été tranchée pour la
première fois par la Cour de cassation (Ch. civ.), le 1er juillet 1885 (Affaire Force contre Pelletier).

« Attendu, dit cet arrêt, que l'article 76 du Code de commerce
considère les effets publics comme étant de droit inscrits à la cote
et qu'il assimile aux effets publics les autres effets qui viendraient à
être reconnus susceptibles d'être cotés, ce qui doit comprendre les
effets dont le cours est habituellement relevé, conformément à l'article 72 du Code de commerce et qui, par les conditions de régula-
rité, de garanties sérieuses et de fréquence d'échanges ont été jugés, par la Chambre syndicale des agents de change, aptes à être
portés sur la cote officielle de la Bourse.
« Que ces effets seuls sont soumis au privilège des agents de
change. »

Comme on le voit, d'après la Cour de cassation, les négo-

---

(1) L'institution des agents de change remonte à l'année 1724.

ciations qui portent sur des valeurs non cotées ne sont pas soumises au monopole des agents de change. « L'admission à la cote » est le criterium de la publicité ou de l'authenticité du cours des effets publics, relevé d'une façon officielle par les agents de change, officiers publics, sous la surveillance du Ministre des Finances.

Ainsi l'article 76 du Code de commerce prend pour type l'effet public qu'on a toujours considéré comme étant de droit inscrit à la cote, et il assimile à l'effet public les autres effets, mais seulement quand ils auront été jugés susceptibles d'être placés sur le même rang que l'effet public, c'est-à-dire jugés susceptibles d'être admis à la cote. L'effet qui n'est pas encore inscrit à la cote n'a pas rempli la condition imposée pour son assimilation avec l'effet public ; n'ayant pas encore paru susceptible d'être coté, il ne rentre pas dans le monopole de négociation des agents de change.

La chambre syndicale est maîtresse absolue de la cote officielle ; elle peut accorder, refuser, suspendre, interdire la négociation de toute autre valeur que les fonds d'Etat, soit au comptant soit à terme. Elle est tenue d'observer certaines prescriptions, de faire certaines vérifications, sinon elle peut être déclarée responsable du préjudice causé aux acheteurs par l'admission injustifiée à la cote, et condamnée à réparer ce préjudice (1). Aussi, en réalité, l'admission d'une valeur à la cote, si elle remplit les vues du législateur, est pour ainsi dire l'équivalent d'une recommandation à l'épargne publique.

L'arrêt de la Cour de cassation du 1er juillet 1885 règle de trop gros intérêts, il est en trop complète conformité avec les usages du marché financier, pour qu'on ne doive pas considérer comme définitive la solution qu'il a consacrée (2). Mais la doctrine de la Cour de cassation trouve un point d'appui très solide dans les travaux préparatoires de l'article 76 du Code de commerce. En effet, le but de cet article a été d'assi-

---

(1) V. Cass. (ch. civ.), 4 décembre 1877. Affaire des bons hypothécaires des chemins de fer de Memphis-el-Paso and Pacific, dit Transcontinental.

(2) Le législateur de 1807 a eu comme la divination de l'avenir. En effet, ces expressions « et autres susceptibles d'être cotés » ont permis, 1° l'extension du marché des valeurs cotées aux valeurs étrangères et 2° l'abandon au marché libre de toutes les valeurs autres que celles du parquet.

miler entre elles, au point de vue de son application, les diverses actions créées par les sociétés, que celles-ci soient anonymes ou en commandite, qu'elles soient ou non autorisées par un.décret du chef de l'Etat, et partant, qu'elles soient ou non des effets publics proprement dits.

Ce qui le prouve le voici.

L'arrêt du Conseil du 24 septembre 1724 qui marque la date de l'institution des agents de change à Paris, mentionne seulement « les effets négociables » sans désigner les rentes sur l'Etat. Il avait été pris pour assurer la transmission régulière des actions de la compagnie des Indes échappée au naufrage de la Banque royale.

L'arrêt du Conseil du 14 juillet 1787 avait expressément défendu de coter à la Bourse les actions de sociétés (à l'exception de celles de la Caisse d'escompte) et ajoutait : « elles ne pourront être négociées que comme les billets ou lettres de change entre particuliers.»

Les négociations sur les rentes ne furent centralisées officiellement à la Bourse que par la loi du 28 ventôse an IX relative au rétablissement des bourses de commerce. Cette loi avait fait simplement usage de l'expression « effets publics », lorsque dans son article 7, elle avait spécifié les attributions des agents de change. Mais dans son article 11, elle avait réservé au pouvoir exécutif le soin de faire tous les règlements jugés utiles pour son exécution.

Or, l'arrêté réglementaire du 27 prairial an X, après avoir rappelé (art. 4 et 7) les peines du délit d'immixtion dans les fonctions d'agent de change et la nullité des négociations accomplies par intermédiaires sans qualité, ajoutait textuellement, article 8 : « Les compagnies de banque ou de commerce qui émettent des actions sont comprises dans la disposition des articles précédents). » Ainsi, de par l'article 8, les agents de change était investis d'un privilège indentique, non seulement sur les divers effets publics qu'avait en vu la loi de ventôse an IX, mais, en général, sur les actions émises par les compagnies de banque et de commerce. L'arrêté de prairial an X rendait donc ces derniers titres susceptibles d'être cotés (1).

---

(1) La cote officielle et authentique des changes et négociations

Telle était la législation en vigueur au moment ou le Code de commerce a été rédigé.

C'est l'observation qu'a faite le Tribunat et que Locré (Esprit du Code de commerce, t. I, p. 460) reproduit en ces termes :

Effets publics et autres susceptibles d'être cotés. — L'article 8 du règlement du 27 prairial an X comprend textuellement au nombre de ces effets les actions des compagnies de banque ou de commerce, et prononce la nullité des négociations relatives à ces sortes d'actions, lorsqu'elles n'ont pas été faites par un agent de change. (Observations du Tribunat).

En ajoutant aux mots : « effets publics » ceux « et autres susceptibles d'être cotés », l'article 76 du Code de commerce avait donc pour but d'éviter toute confusion. Il consacrait le dernier état du droit intermédiaire en plaçant sur la même ligne et les effets publics proprement dits et les autres effets pareillement négociables, pareillement destinés à une circulation facile et rapide, bien qu'émanant de sociétés ou de compagnies qui n'ont obtenu ni la garantie de l'Etat, ni même l'autorisation du gouvernement.

En résumé, nous trouvons dans l'article 76 du Code de commerce la définition même des effets publics : ce sont les effets admis à la cote ; et si l'article 419 du Code pénal emploie simplement les mots : « papiers et effets publics », sans ajouter les mots « et autres susceptibles d'être cotés », c'est que, en 1810, trois ans après la promulgation du Code de commerce, il n'existait plus de doute sur le sens juridique des mots « effets publics ». C'étaient bien les valeurs admises à la cote de la Bourse.

Ainsi, dans l'article 419 du Code pénal, le législateur, en employant les mots : papiers et effets publics, se référait cernement à la notion qu'il en avait donnée dans l'article 76 du Code de commerce. Il faut en conclure que l'article 419 doit s'appliquer aux actions des sociétés anonymes, lorsque ces titres sont admis à la cote.

Le code de commerce prévoyait deux sortes de sociétés par actions : les sociétés anonymes et les sociétés en commandite.

---

faites à la Bourse avait été réglementée par un arrêté du 15 pluviôse an IV.

Seules les premières nécessitaient l'autorisation du gouvernement.

En 1856 les sociétés en commandite furent soumises à une réglementation sévère. Quant aux sociétés anonymes, elles n'ont été dispensées de l'autorisation du Conseil d'Etat par la loi du 24 juillet 1867, que pour être assujetties, à leur tour, à une règlementation minutieuse dans l'intérêt public.

La loi de 1867 punit d'une amende de 500 à 10,000 francs la négociation d'actions ou de coupons d'actions pour les sociétés qui ne se sont pas conformées à la loi ; elle punit de la même peine toute participation à ces négociations et toute publication de la valeur desdites sociétés.

Telles sont les sanctions de la loi de 1867 ; mais cette loi ne déroge nullement au principe d'après lequel sont considérés comme effets publics les effets admis à la cote. En conséquence, tant que les actions des sociétés anonymes ne sont négociées que sur le marché libre, ce ne sont que des effets privés ; mais dès qu'elles sont admises à la cote, après vérification par la chambre syndicale de l'observation de la loi de 1867, ces valeurs deviennent des effets publics.

En fait, sur le *Bulletin de la Bourse* figurent les actions de simples sociétés anonymes qui depuis la loi du 24 juillet 1867 ont été formées sans l'intervention du gouvernement. Il en est de même pour les actions émises par des sociétés en commandite, lesquelles, sous l'empire du Code de commerce lui-même, n'avaient déjà besoin d'aucune autorisation.

Ajoutons que, du moment où les actions des sociétés anonymes, lorsqu'elles sont cotées, rentrent dans la classification des effets publics, il est impossible de soutenir que dans l'article 419 du Code pénal, la substitution par le législateur des mots, : « papiers et effets publics » aux mots « papiers et effets négociables de quelque nature qu'ils soient » qui figuraient au projet, implique la volonté d'exclure les actions et titres analogues.

Comment donc expliquer ce changement de rédaction ? — Le comte Begouën le justifiait admirablement d'un mot, en disant que les expressions « papiers et effets négociables de quelque nature qu'ils soient » étaient trop générales.

Oui, elles étaient trop générales, parce qu'elles auraient embrassé non seulement les effets publics, mais encore les effets de commerce, tels que les lettres de change et les billets au porteur.

Dans la rédaction de l'article 419 du Code pénal, le législateur ayant à s'occuper d'effets, devait forcément envisager les deux grandes classes d'effets qui existent en dehors des effets purement privés, comme les créances civiles : il devait penser aux effets publics et aux effets commerciaux.

Cette distinction ne lui avait pas échappé lors de la rédaction de l'article 76 du Code de commerce. A la lecture même de cet article, on est bien obligé de convenir que le législateur a eu l'intention d'établir, pour les effets publics ou susceptibles d'être cotés un monopole plus rigoureux que pour les lettres de change et billets à ordre et les papiers commerçables, lesquels ne sont pas susceptibles d'être cotés. En ce qui concerne les uns, il réserve aux agents de change les négociations quelles qu'elles soient; au contraire, en ce qui concerne les autres, il leur réserve simplement les négociations pour le compte d'autrui.

Il y a là une différence de rédaction très significative, parce qu'elle tient compte de la nature des choses et de l'état de la jurisprudence nouvelle en matière financière. La même distinction s'est très certainement présentée à l'esprit des rédacteurs de l'article 419. En remplaçant les mots aux « effets négociables de quelque nature qu'ils soient, » par les expressions « papiers et effets publics », ils ont voulu exclure les effets de commerce, — c'est-à-dire les obligations commerciales négociables par voie d'endossement ou par simple tradition — pour ne viser que les valeurs de Bourse. Cela ne peut faire aucun doute.

Expliqué par l'esprit de nos institutions financières et commerciales, l'article 419 du Code pénal, qui a pour but d'assurer la loyauté des négociations sur les valeurs de Bourse, devient d'une grande clarté sur la question qui nous occupe. Il est certain que les actions des sociétés anonymes rentrent dans la catégorie des effets publics aussitôt qu'ils sont admis à la cote, et les syndicats financiers organisés en vue des transactions qui s'opèrent sur ces titres, tombent sous l'application de notre article, lorsque toutes conditions que nous avons indiquées sont remplies.

— 20 —

IV°

Mais cette solution juridique est-elle conforme à l'intérêt général et aux conditions économiques de notre société moderne ?

Comme nous ne faisons pas rentrer les actions des sociétés anonymes parmi les marchandises, nous n'avons pas à nous préoccuper des attaques dirigées contre les peines qui punissent l'accaparement des marchandises ou la coalition des producteurs (1). Il nous suffit d'examiner si les mesures prises par le législateur de 1810 pour moraliser la Bourse ont perdu ou conservé leur raison d'être.

Certes, depuis le commencement du xixe siècle, une grande révolution économique s'est opérée.

A l'époque où fut rédigé le Code pénal, la majeure partie des transactions portaient sur les immeubles ; celles qui avaient pour objet les valeurs mobilières étaient l'exception, à tel point que le Code civil ne s'en préoccupe guère. On ne légiférait pas alors en vue de cette masse de valeurs mobilières qui ont transformé la fortune publique.

Depuis lors, la dette de l'État s'est accrue dans des proportions inouïes et les capitaux se sont mobilisés ; leur circulation devenue journalière a permis à l'industrie de tenter ces immenses entreprises dont la seule pensée eût effrayé l'imagination de nos ancêtres. La création de la Banque de France en 1803, la multiplication des sociétés commerciales après les guerres du Ier Empire, l'établissement des chemins de fer, à partir de 1838, la création du Crédit foncier en 1852 et des sociétés de crédit; tels sont les événements qui ont eu le

---

(1) Voir sur cette question deux articles de M. Liégeois, professeur à la Faculté de Droit de Nancy, publiés dans le *Droit* dés 1er et 15 mai 1889.

plus d'influence sur l'accroissement de la richesse mo
bilière de notre pays, représentée par des titres ou effets né·
gociables, au parquet ou en banque.

En 1816, les opérations de bourse portaient seulement sur
3 ou 4 valeurs, telles que la rente 5 0/0, les actions de la
Banque, les actions des ponts et celles des canaux du Midi et
d'Orléans. Le capital de ces valeurs n'excédait pas 2 milliards.

Aujourd'hui, les valeurs mobilières françaises et étrangères
que possèdent les capitalistes français peuvent être évaluées à
un minimum de 80 milliards, dont 60 milliards en valeurs françaises, 20 milliards en valeurs étrangères (1). Elles rappor-
tent annuellement 3,900 millions à 4 milliards. Le revenu des
valeurs et fonds étrangers compris dans ces chiffres atteint,
s'il ne le dépasse, 1 milliard par an. La cote officielle de la
Bourse de Paris mentionne 208 titres se négociant au comptant et à terme, 559 titres se négociant au comptant seulement. Les valeurs en banque se négociant à Paris, s'élèvent à
environ 200. Les opérations faites annuellement à la Bourse
de Paris, par l'entremise des agents de change, tant au comptant qu'à terme peuvent être évaluées de 25 à 30 milliards au
minimum (2).

Ainsi, la fortune mobilière des particuliers est devenue
presque aussi grande que la fortune immobilière.

Et, cette richesse, est aussi disséminée que possible. Il
existe près de 4 millions d'inscriptions de rente, représentant une moyenne de 200 fr., à peine par inscription. Les
grandes compagnies de chemins de fer représentent un capital
de plus de 16 milliards, répartis à l'infini dans les plus mo-
destes portefeuilles. Dans les hameaux les plus reculés, on
peut trouver plusieurs petits rentiers, cultivateurs, ouvriers,
possédant soit une obligation de chemin de fer, soit une
obligation de la Ville de Paris ou du Crédit foncier.

Telle est l'importance de la révolution économique qui
s'est produite depuis la promulgation de nos Codes.

Dans ces conditions, n'est-il pas permis de regarder comme

---

(1) Cf. Alfred Neymarck : Les valeurs mobilières en France. Paris. Guillaumin. 1888.

(2) On comprend qu'à côté des agents de change, toujours au
nombre de soixante, il y ait place pour les coulissiers.

un anachronisme l'article 419 du Code pénal, en ce qui touche les effets publics?

Au point de vue spécial de l'accaparement des titres, nous avons tenu compte de certaines nécessités financières propres à notre époque, en reconnaissant que, en dehors des cas d'application de l'article 419, les syndicats financiers pouvaient s'occuper utilement et légalement du classement des titres émis par les sociétés financières, industrielles ou commerciales. Nous ne reviendrons pas sur ce point.

Mais, pour notre part, nous n'hésitons pas à déclarer hautement que, en ce qui concerne la négociation des effets publics, le législateur de 1810 a posé dans l'article 419 une règle dont la sagesse devait apparaître plus clairement à mesure que la fortune mobilière se développerait.

C'est que, sans avoir pu prévoir l'importance du mouvement économique que nous avons signalé, les rédacteurs de nos Codes avaient été à même d'étudier le mécanisme de l'échange, et d'analyser avec exactitude la loi de l'offre et de la demande en matière d'opérations de bourse.

En effet, la négociation des actions remonte à une époque bien antérieure à la Révolution : vers la fin du xviie siècle surtout, les actions étaient fort répandues et considérées comme un placement avantageux auquel les gentilshommes pouvaient confier leur fortune sans déroger. Les grandes Compagnies fondées sous le règne de François Ier et plus tard sous le ministère de Richelieu, avaient divisé en actions leur capital social. Sous Louis XIII, en 1626 et 1627, des sociétés financières furent créées sous le nom de Compagnies des Indes occidentales, dans le but de coloniser certaines parties de l'Amérique. Diverses compagnies de même nature furent créées sous le règne de Louis XIV. Sous la Régence, on sait à quel agiotage donnèrent lieu les actions de la Banque de Law et celles de la Compagnie des Indes. Mais le principe de la commandite survécut, et à la fin du xviiie siècle, il existait encore des sociétés de cette nature propriétaires de mines et de manufactures de toute espèce. Les valeurs qui se négociaient couramment à la Bourse, en 1789, étaient les actions des Indes et celles de la Caisse d'escompte. Les billets de loterie jouissaient d'une grande faveur; les titres de rente ne donnaient lieu qu'à de rares négociations.

Les rédacteurs du Code pénal connaissaient tous ces faits ; de plus, ils avaient dû lire le *Mémoire* de d'Aguesseau *sur les actions de commerce*, et avaient suivi par eux-mêmes la dépréciation des assignats. En édictant l'article 419, ils avaient donc parfaitement compris que, lorsqu'il s'agit de la négociation des effets publics, c'est-à-dire en matière de crédit public, la mission de l'État est d'assurer la moralisation du marché par la défense des faibles contre les manœuvres frauduleuses des agioteurs.

Les désastres financiers de ces derniers temps démontrent d'une façon éclatante que le principe de l'article 419 n'a pas cessé d'être juste, utile et nécessaire. On a donc tort de dire que l'article 419, contraire aux principes de l'économie politique moderne, doit tomber à la longue dans une désuétude morale. L'article 419 est toujours plein d'actualité.

Oui, contre les manœuvres déloyales des agioteurs il faut une sanction pénale ; la morale humaine n'en a pas, car la sentence d'Ennius est toujours vraie : « *Unde habeas quærit nemo, sed oportet habere* ». On ne s'informe pas d'où vient la richesse, il suffit d'être riche. La Bruyère a fort bien exprimé cette idée en terminant le portrait de Giton, le type de l'homme enrichi, par ces mots : « Il est riche. »

Le théâtre et le roman ont parfois essayé d'isoler l'agioteur et le financier de proie en leur ôtant le pas sur les simples gens d'honneur ou même l'accès des honnêtes gens ; mais cela ne suffit pas si, dans la vie réelle, les salons s'ouvrent devant eux et si on les comble d'honneurs.

Il faut une sanction pénale. Sous la Révolution, une loi de 1793 punissait de mort les accapareurs ; le pilori était réservé aux agioteurs. Le châtiment qui est inscrit dans l'article 419 est plus faible : que du moins on l'applique.

En présence des dangers que présentent les syndicats financiers, comment expliquer que l'on n'ait que très rarement exercé contre les coupables les poursuites qu'autorisent les termes de l'article 419 du Code pénal ?

Si la constatation du délit prévu par cet article est parfois très difficile, il est des cas où le doute n'est pas possible et où le ministère public, ne pouvant pas atteindre les agioteurs en invoquant l'article 405 sur l'escroquerie, trouverait dans l'article 419 un moyen de combattre l'agiotage.

L'intérêt public exige que le pouvoir judiciaire réagisse contre les empiètements du mal et les habitudes d'impunité et d'arrogance qu'il a déjà prises.

Ne l'oublions pas, l'article 419 du Code pénal est un des remèdes à la plaie de l'agiotage dont nous souffrons plus que jamais.

Il ne faut pas dire que c'est en dehors des codes et dans leurs conséquences mêmes que les coups de Bourse infligent à ceux qui les ont préparés une juste et cruelle punition. Nous ne sommes pas ici en matière de pure conscience et de morale privée.

Au surplus, nous ne pensons pas que l'on puisse laisser au temps le soin de faire, en matière d'opérations de bourse, l'éducation du public et que la crainte de perdre soit l'unique remède à la passion de gagner. Cette éducation serait trop coûteuse pour le public et le crédit de la France.

« Tenir un autre langage, disait M. Lechopié, dans un article publié en 1882, ce serait oublier que les coupables manœuvres des agioteurs atteignent, non moins que les spéculateurs, tous ceux, fort dignes d'intérêt, qui se bornent à chercher le légitime placement de leurs capitaux et de leurs économies.

« La bourse ne saurait être transformée en une maison de jeu, alors qu'elle ne doit avoir d'autre utilité que de faciliter les spéculations commerciales, industrielles et financières vraiment honnêtes et sérieuses.

« A quoi bon protéger les citoyens avec une excessive rigueur contre l'escroquerie, l'usure et la loterie, pour les livrer sans défense aux manœuvres autrement dangereuses des syndicats financiers et de l'agiotage? »

Beaugency. — Imp. Laffray.